1,000
Italian Words

Berlitz Kids™

Berlitz Publishing/APA Publications GmbH & Co. Verlag KG
Singapore Branch, Singapore

Contacting the Editors
Every effort has been made to provide accurate information in this
publication, but changes are inevitable. The publisher cannot be responsible
for any resulting loss, inconvenience or injury. We would appreciate it if
readers would call our attention to any errors or outdated information by
contacting Berlitz Publishing, 193 Morris Ave., Springfield, NJ 07081, USA.
Fax: 1-908-206-1103 email: comments@berlitzbooks.com

Printed in Singapore by Insight Print Services (Pte) Ltd., August 2005

Table of Contents

La famiglia
The family

lo zio
uncle

il papà
dad

sorridere
to smile

la mamma
mom

la zia
aunt

il bebè
baby

la macchina fotografica
camera

il nonno
grandpa

la nonna
grandma

il figlio
son

la figlia
daughter

il cane
dog

l'uomo
man

la donna
woman

la collana
necklace

il braccialetto
bracelet

il marito
husband

la moglie
wife

la barba
beard

abbracciare
to hug

l'anello
ring

l'orologio
watch

la sorella
sister

il fratello
brother

la ragazza
girl

il cucciolo
puppy

il micino
kitten

il ragazzo
boy

5

Nella cucina
In the kitchen

i piatti
dishes

il telefono
telephone

il forno
oven

la credenza
cupboard

il forno a microonde
microwave oven

arrostire
to roast

cucinare al forno
to bake

il grembiule
apron

lavare i piatti
to wash the dishes

mescolare
to mix

il latte
milk

versare
to spill

la terrina
bowl

lo zucchero
sugar

il dosatore
measuring cup

la farina
flour

il miele
honey

6

la pentola
pot

la padella
frying pan

bruciato
burnt

il tostapane
toaster

il pane tostato
toast

il biscotto
cookie

il congelatore
freezer

cucinare
to cook

odorare
to smell

il formaggio
cheese

il succo d'arancia
orange juice

bollire
to boil

l'uovo
egg

il cibo
food

la cucina a gas
stove

il burro
butter

il frigorifero
refrigerator

Nel soggiorno
In the living room

il quadro
picture

la fotografia
photograph

la porta
door

le cuffie
headphones

il lettore CD
CD player

il pianoforte
piano

cantare
to sing

il mangianastri
tape player

suonare
to play

la cassetta
cassette tape

il compact disk
compact disk

il vaso
vase

la tenda
curtain

l'uccelliera
birdcage

il gatto
cat

la pianta
plant

la televisione
television

lo scaffale per i libri
book shelf

il videoregistratore
VCR

il tavolino da salotto
coffee table

il giornale
newspaper

la lampada
lamp

il divano
couch

la poltrona
chair

la rivista
magazine

il tappeto
carpet

Nella camera da letto
In the bedroom

il poster
poster

la scrivania
desk

la pantofola
slipper

la bambola
doll

la sedia
chair

acceso
on

il pigiama
pajamas

la musica
music

la radio
radio

la luce
light

il cassettone
dresser

la coperta
blanket

il lenzuolo
sheet

l'animaletto di peluche
stuffed animal

il muro
wall

l'appendiabito
clothes hanger

l'interruttore della luce
light switch

la finestra
window

l'armadio
closet

il fumetto
comic book

spento
off

i giocattoli
toys

il calzino
sock

la sveglia
alarm clock

il cassetto
drawer

dormire
to sleep

il letto
bed

il cuscino
pillow

11

Nella stanza da bagno
In the bathroom

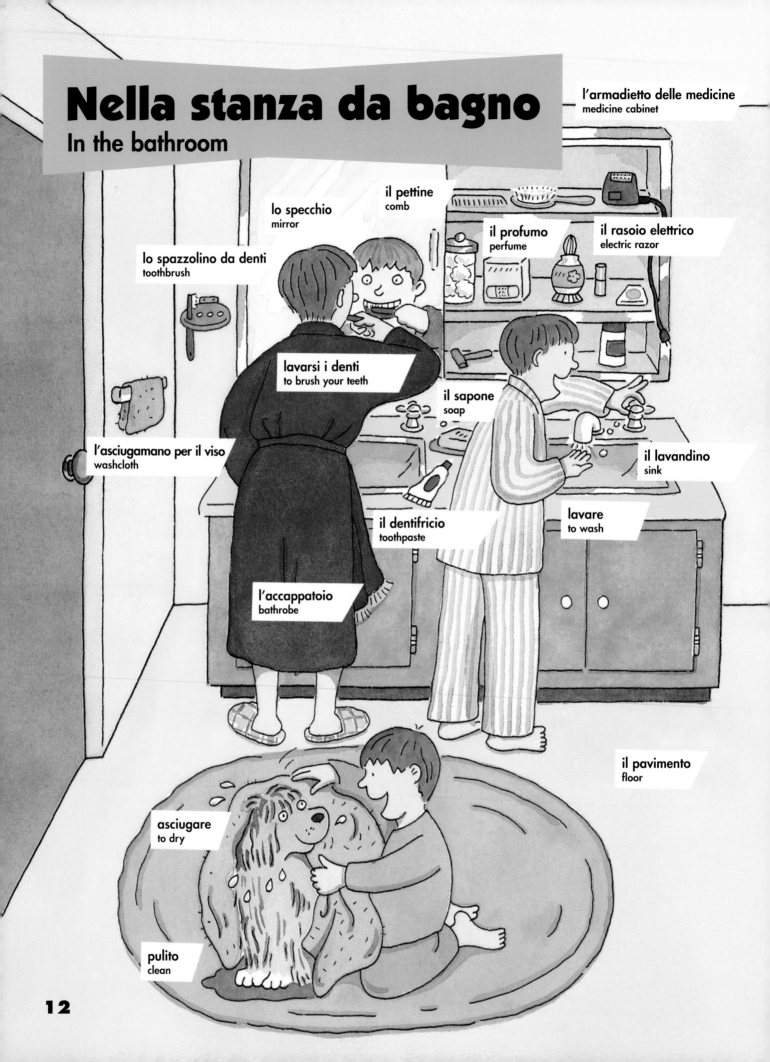

l'armadietto delle medicine
medicine cabinet

il pettine
comb

lo specchio
mirror

il profumo
perfume

il rasoio elettrico
electric razor

lo spazzolino da denti
toothbrush

lavarsi i denti
to brush your teeth

il sapone
soap

l'asciugamano per il viso
washcloth

il lavandino
sink

il dentifricio
toothpaste

lavare
to wash

l'accappatoio
bathrobe

il pavimento
floor

asciugare
to dry

pulito
clean

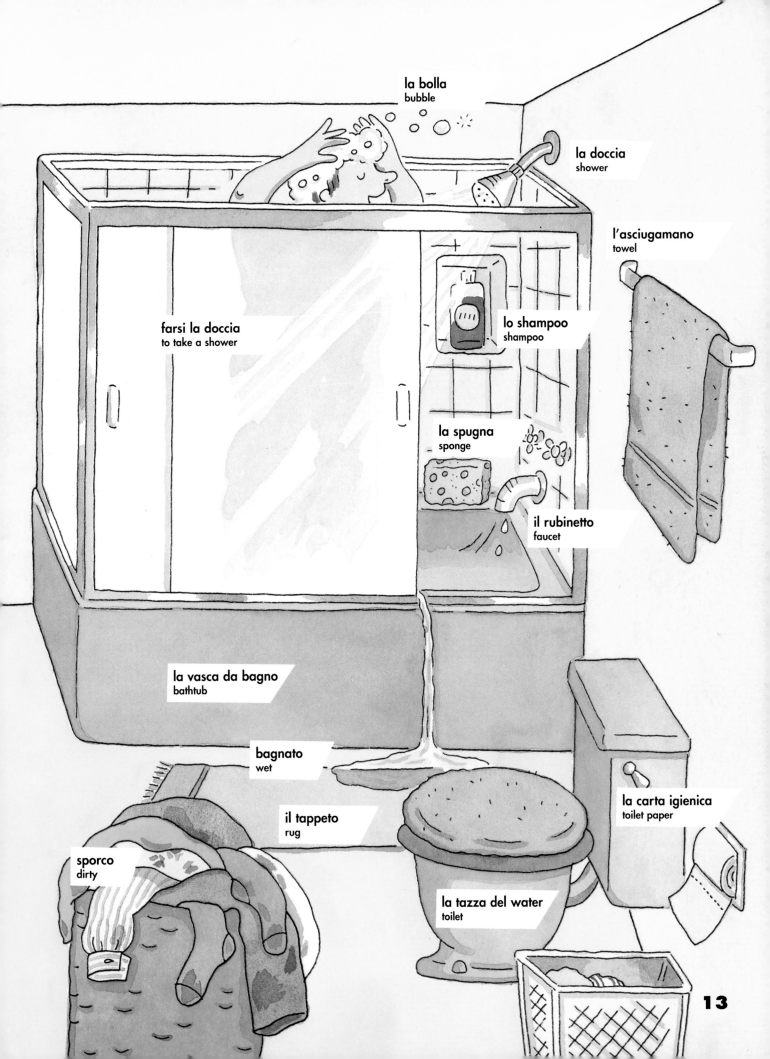

la bolla
bubble

la doccia
shower

l'asciugamano
towel

farsi la doccia
to take a shower

lo shampoo
shampoo

la spugna
sponge

il rubinetto
faucet

la vasca da bagno
bathtub

bagnato
wet

il tappeto
rug

la carta igienica
toilet paper

sporco
dirty

la tazza del water
toilet

13

Nel laboratorio
In the workshop

la serratura
lock

il rastrello
rake

il trapano
drill

il foro
hole

le scale
stairs

la vite
screw

il vaso da fiori
flowerpot

la ruota
wheel

riparare
to repair

la bicicletta
bicycle

le pinze
pliers

il lucchetto
padlock

la chiave
key

la cassetta portautensili
toolbox

14

il righello
ruler

gli utensili
tools

l'aspirapolvere
vacuum

la presa di corrente
electric socket

la chiave inglese
wrench

il martello
hammer

ahia!
ouch!

il cacciavite
screwdriver

la sega
saw

il chiodo
nail

La festa di compleanno
The birthday party

dare
to give

ballare
to dance

il gioco
game

il dado
dice

il palloncino
balloon

il coltello
knife

il piatto
plate

la caramella
candy

il cucchiaio
spoon

la forchetta
fork

la telecamera
video camera

la candelina
candle

la torta
cake

soffiare
to blow

il fiocco
bow

il regalo
present

il sorriso
smile

il biglietto di auguri
birthday card

aprire
to open

il nastro
ribbon

scartare
to unwrap

la carta da regalo
wrapping paper

17

Nel centro commerciale
At the shopping center

destra
right

vendere
to sell

sinistra
left

il resto
change

la scarpa da ginnastica
sneaker

la scarpa
shoe

chiudere con la cerniera
to zip up

il denaro
money

il vestito
dress

acquistare
to buy

la camicetta
blouse

la borsetta
purse

il prezzo
price

la gonna
skirt

la cravatta
tie

il cappello
hat

l'abito
suit

la cintura
belt

il portafogli
wallet

gli occhiali
glasses

la tasca
pocket

i jeans
jeans

su
up

giù
down

la commessa
store clerk

il cliente
customer

i calzoni corti
shorts

provare
to try on

i calzoni
pants

la maglietta
T-shirt

l'affare
bargain

la camicia
shirt

19

Al supermercato
At the supermarket

la cipolla — onion

la lattuga — lettuce

il cocomero — watermelon

il pomodoro — tomato

il cavolo cappuccio — cabbage

la pera — pear

il limone — lemon

la prugna — plum

l'arancia — orange

il cavolfiore — cauliflower

la mela — apple

la banana — banana

i broccoli — broccoli

l'aglio — garlic

il peperone verde — green pepper

l'uva — grape

l'ananas — pineapple

il sedano — celery

la ciliegia — cherry

la carota — carrot

la frutta — fruit

la verdura — vegetable

pagare — to pay

la carne
meat

lo yogurt
yogurt

il pesce
fish

il fagiolo
bean

il ripiano
shelf

il corridoio
aisle

i fiocchi di cereali
cereal

il riso
rice

il carrello
shopping cart

la borsa
bag

21

Al ristorante
In the restaurant

il pane
bread

inciampare
to trip

gli spaghetti
spaghetti

il pollo
chicken

avere fame
to be hungry

la cena
dinner

la bottiglia
bottle

il tavolo
table

la cameriera
waitress

il cracker
cracker

caldo
hot

bere
to drink

l'insalata
salad

il bicchiere
glass

il tovagliolo
napkin

la minestra
soup

l'acqua
water

la tovaglia
tablecloth

il caffè
coffee

il dolce
dessert

dividere
to share

versare
to pour

il menù
menu

la tazza
cup

il cameriere
waiter

il pepe
pepper

mangiare
to eat

mettere
to put

tagliare
to cut

il sale
salt

la pizza
pizza

23

In classe
In the classroom

la bacheca
bulletin board

la colla
glue

il libro
book

il computer
computer

il pastello a cera
crayon

il calendario
calendar

la penna
pen

il dizionario
dictionary

leggere
to read

l'insegnante
teacher

il numero
number

il compito a casa
homework

lo studente
student

la studentessa
student

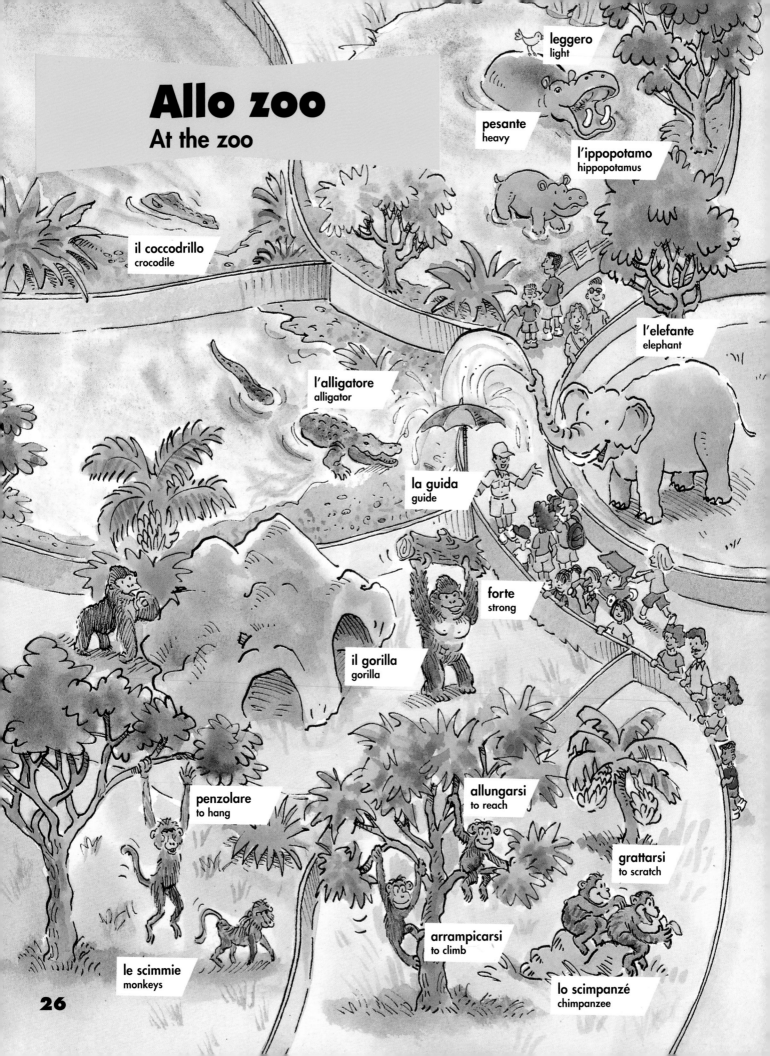

Allo zoo
At the zoo

leggero
light

pesante
heavy

l'ippopotamo
hippopotamus

il coccodrillo
crocodile

l'elefante
elephant

l'alligatore
alligator

la guida
guide

forte
strong

il gorilla
gorilla

penzolare
to hang

allungarsi
to reach

grattarsi
to scratch

arrampicarsi
to climb

le scimmie
monkeys

lo scimpanzé
chimpanzee

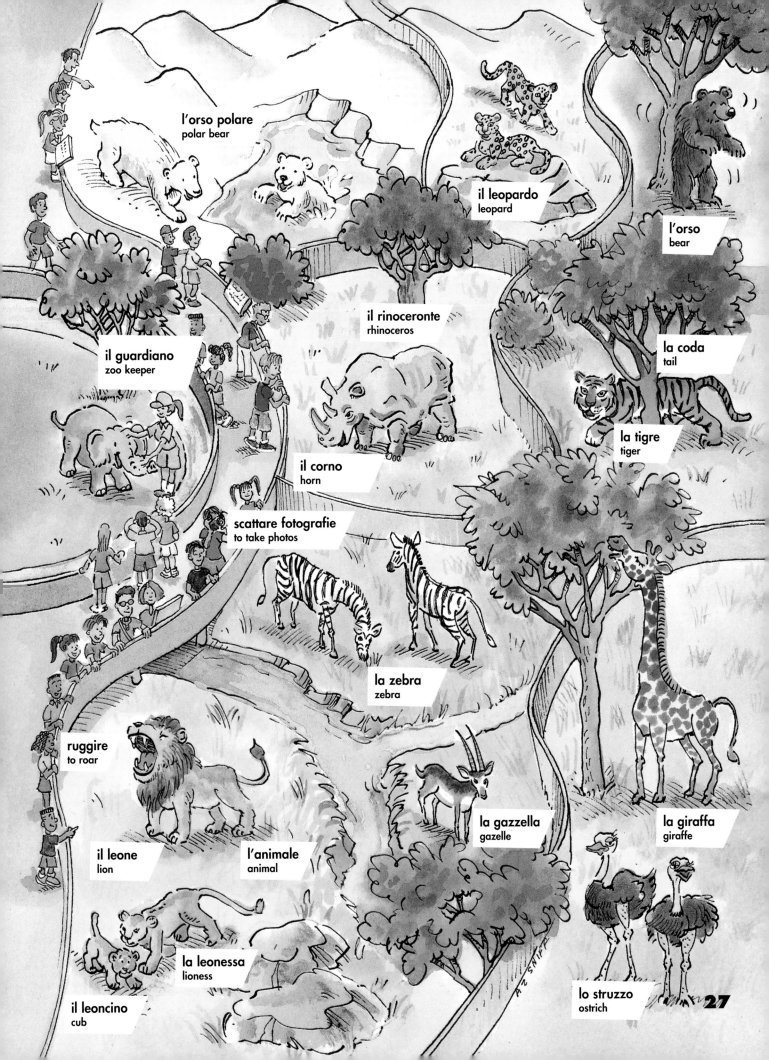

l'orso polare
polar bear

il leopardo
leopard

l'orso
bear

la coda
tail

il rinoceronte
rhinoceros

il guardiano
zoo keeper

la tigre
tiger

il corno
horn

scattare fotografie
to take photos

la zebra
zebra

ruggire
to roar

la gazzella
gazelle

la giraffa
giraffe

il leone
lion

l'animale
animal

la leonessa
lioness

lo struzzo
ostrich

il leoncino
cub

27

Nel parco
In the park

il cestino da picnic
picnic basket

giocare a nascondino
to play hide and seek

la formica
ant

le patatine
potato chips

la limonata
lemonade

lo scoiattolo
squirrel

il picnic
picnic

il panino
sandwich

il tavolino da picnic
picnic table

la casetta per gli uccelli
birdhouse

la noce
nut

starnutire
to sneeze

il cespuglio
bush

il sentiero
path

i pattini a rotelle
roller skates

28

l'aquilone
kite

dondolarsi
to swing

il campo giochi
playground

l'altalena
swing

lo scivolo
slide

saltare alla corda
to jump rope

la fontana
fountain

l'altalena
see-saw

il contenitore di
sabbia per giocare
sandbox

il frisbee
Frisbee®

abbaiare
to bark

il casco
helmet

l'erba
grass

lo skate-board
skateboard

i pattini in linea
in-line skates

29

Al parco dei divertimenti
At the amusement park

il circo
circus

le montagne russe
roller coaster

il pagliaccio
clown

l'illusionista
magician

stordito
dizzy

il fantasma
ghost

il cuore
heart

il tunnel dell'amore
tunnel of love

il mostro
monster

la casa stregata
haunted house

il concerto
concert

la cantante
singer

gli altoparlanti
loudspeakers

il microfono
microphone

alto
high

la ruota panoramica
Ferris wheel

l'arco
bow

il bersaglio
target

la freccia
arrow

basso
low

la marionetta
puppet

il carosello
carousel

lo zucchero filato
cotton candy

il biglietto
ticket

la coda
line

All'ospedale
In the hospital

la medicina
medicine

il dottore
doctor

l'infermiera
nurse

la sedia a rotelle
wheelchair

l'ambulanza
ambulance

l'ascensore
elevator

il gesso
cast

la barella
stretcher

la benda
bandage

la dottoressa
doctor

i raggi X
x-ray

l'infermiere
nurse

essere malati
to be sick

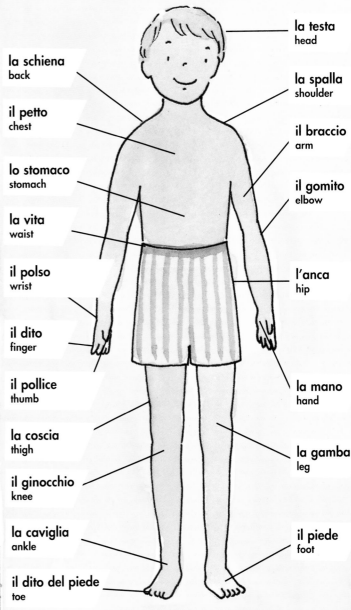

la testa
head

la schiena
back

la spalla
shoulder

il petto
chest

il braccio
arm

lo stomaco
stomach

il gomito
elbow

la vita
waist

il polso
wrist

l'anca
hip

il dito
finger

il pollice
thumb

la mano
hand

la coscia
thigh

il ginocchio
knee

la gamba
leg

la caviglia
ankle

il piede
foot

il dito del piede
toe

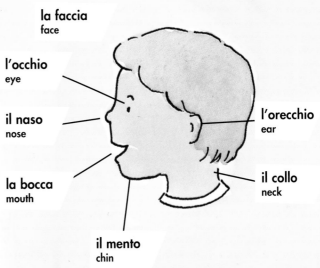

la faccia
face

l'occhio
eye

l'orecchio
ear

il naso
nose

la bocca
mouth

il collo
neck

il mento
chin

33

Al museo
At the museum

la stella
star

la Terra
Earth

il razzo
rocket

l'astronauta
astronaut

la luna
moon

bianco
white

la guardia
guard

marrone
brown

il dinosauro
dinosaur

lo scheletro
skeleton

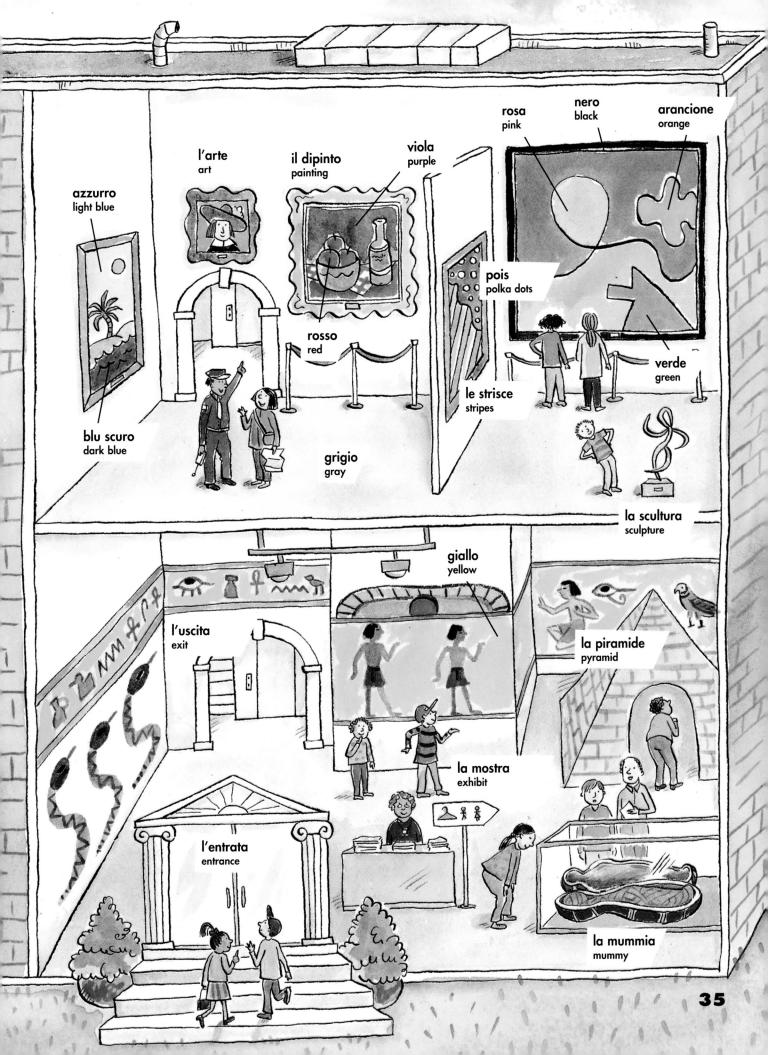

azzurro
light blue

l'arte
art

il dipinto
painting

viola
purple

rosa
pink

nero
black

arancione
orange

pois
polka dots

rosso
red

verde
green

le strisce
stripes

blu scuro
dark blue

grigio
gray

la scultura
sculpture

giallo
yellow

l'uscita
exit

la piramide
pyramid

la mostra
exhibit

l'entrata
entrance

la mummia
mummy

Alla spiaggia
At the beach

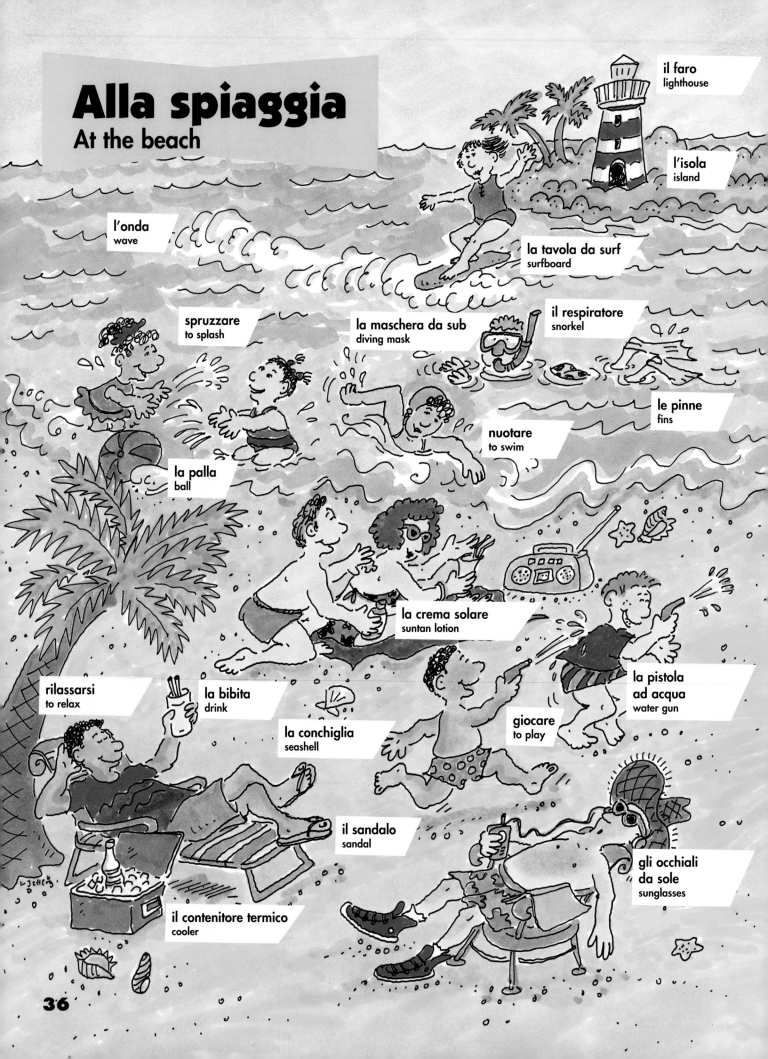

il faro
lighthouse

l'isola
island

l'onda
wave

la tavola da surf
surfboard

il respiratore
snorkel

spruzzare
to splash

la maschera da sub
diving mask

le pinne
fins

nuotare
to swim

la palla
ball

la crema solare
suntan lotion

la pistola
ad acqua
water gun

rilassarsi
to relax

la bibita
drink

la conchiglia
seashell

giocare
to play

il sandalo
sandal

gli occhiali
da sole
sunglasses

il contenitore termico
cooler

il palmizio
palmtree

la barca a vela
sailboat

il sole
sun

il gabbiano
seagull

tuffarsi
to dive

la roccia
rock

il castello di sabbia
sand castle

il costume da bagno
swimsuit

la sabbia
sand

il secchiello
bucket

la pallavolo
volleyball

il bagnino
lifeguard

la rete
net

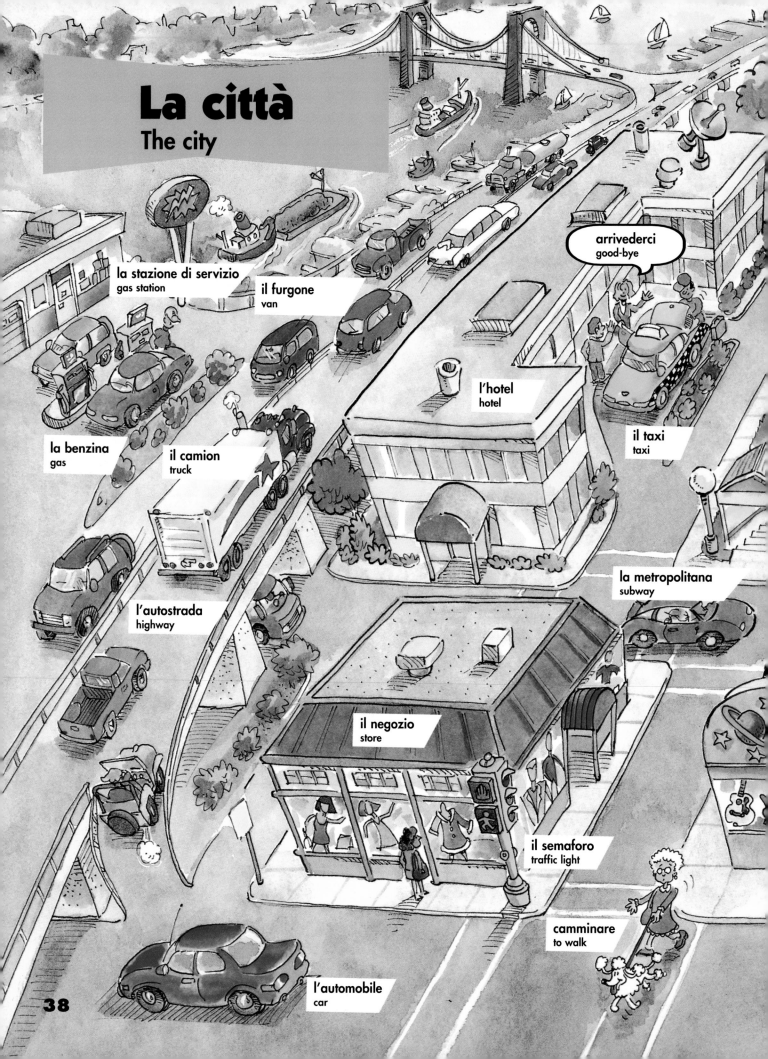

La città
The city

la stazione di servizio
gas station

il furgone
van

arrivederci
good-bye

l'hotel
hotel

il taxi
taxi

la benzina
gas

il camion
truck

la metropolitana
subway

l'autostrada
highway

il negozio
store

il semaforo
traffic light

camminare
to walk

l'automobile
car

39

La cittadina
The town

il negozio di alimentari
grocery store

la casa
house

il tetto
roof

la parata
parade

il cestino della spazzatura
garbage can

dipingere
to paint

il pennello
paintbrush

il pittore
painter

il dente
tooth

il dentista
dentist

le forbici
scissors

il negozio da barbiere
barbershop

il taglio di capelli
haircut

il barbiere
barber

40

la bandiera flag

il municipio town hall

l'ufficio postale post office

la lettera letter

la banda band

la cassetta delle lettere mailbox

fermarsi to stop

la motocicletta motorcycle

la panchina bench

il gelato ice cream

il cioccolato chocolate

la vaniglia vanilla

la fragola strawberry

il cinema movie theater

il film movie

la gelateria ice cream shop

La campagna
The countryside

nuvoloso
cloudy

il lampo
lightning

piovere
to rain

il temporale
storm

la pioggia
rain

la capanna
cabin

il vento
wind

la foglia
leaf

l'ombrello
umbrella

l'impermeabile
raincoat

l'albero
tree

Nella fattoria
At the farm

il pastore
shepherd

la pecora
sheep

la capra
goat

l'agnello
lamb

il puledro
colt

il cavallo
horse

il vitello
calf

la mucca
cow

il toro
bull

il recinto
fence

la rana
frog

il pozzo
well

l'anatra
duck

lo stagno
pond

l'oca
goose

la stalla
stable

il maiale
pig

la sella
saddle

il fieno
hay

cavalcare
to ride

44

il fattore
farmer

il trattore
tractor

lo spaventapasseri
scarecrow

il frumento
wheat

il granturco
corn

il giardino
garden

la giardiniera
gardener

la manichetta
hose

il granaio
barn

il tacchino
turkey

il gallo
rooster

il pollaio
chicken coop

la gallina
hen

il topo
mouse

il barile
barrel

45

Il campeggio
Camping

l'aquila
eagle

il porcospino
porcupine

il cervo
deer

il binocolo
binoculars

la cascata
waterfall

il nido
nest

il castoro
beaver

il berretto
cap

la torcia elettrica
flashlight

la cartina
map

il bastone da
escursionismo
walking stick

la tenda
tent

il serpente
snake

il sacco a pelo
sleeping bag

la puzzola
skunk

il fumo
smoke

i fiammiferi
matches

il procione
raccoon

la griglia
grill

il falò
campfire

il sentiero
trail

47

Gli sport invernali
Winter sports

il maglione
sweater

rompere
to break

sciare
to ski

la neve
snow

cadere
to fall

il pupazzo di neve
snowman

gli occhialoni
goggles

applaudire
to clap

il giaccone
jacket

gli sci
skis

gli scarponi
boots

la pala
shovel

gridare
to shout

la slitta
sled

i guanti
gloves

il monoscì
snowboard

la sciarpa
scarf

i mezzi guanti
mittens

la palla di neve
snowball

avere freddo
to be cold

il cappotto
coat

il ghiaccio
ice

la porta
goal

il portiere
goalie

pattinare sul ghiaccio
to ice skate

il bastone da hockey
hockey stick

i pattini da ghiaccio
ice skates

il giocatore di hockey
hockey player

il disco
puck

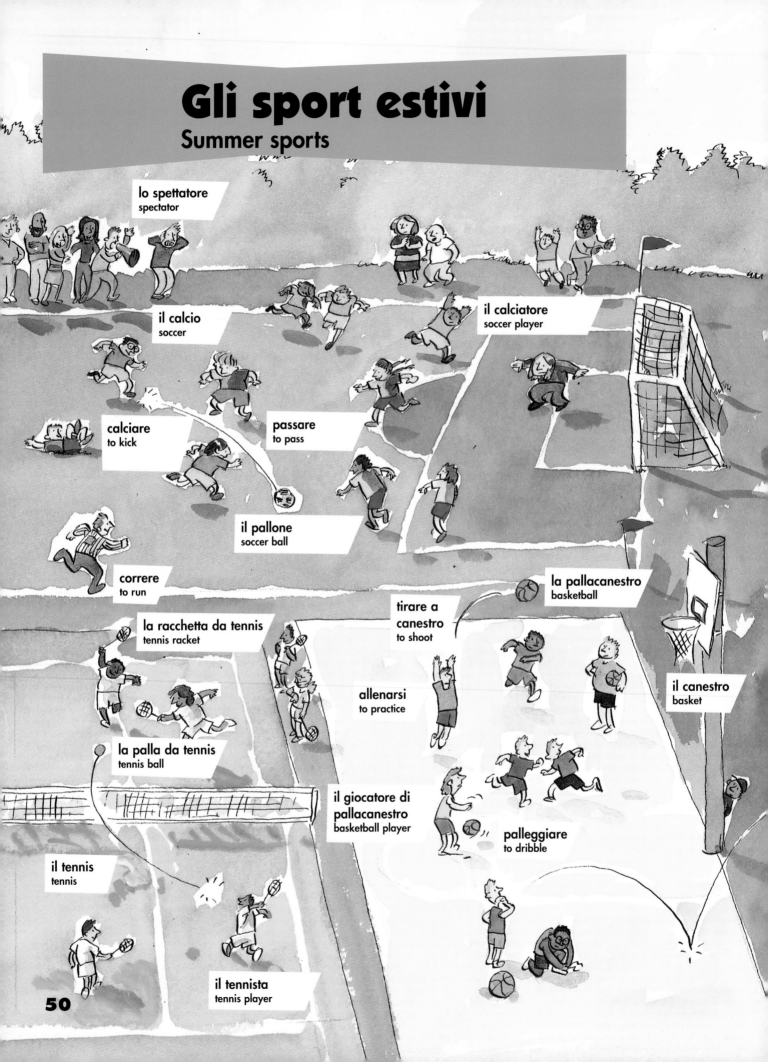

Gli sport estivi
Summer sports

lo spettatore
spectator

il calcio
soccer

il calciatore
soccer player

calciare
to kick

passare
to pass

il pallone
soccer ball

correre
to run

la pallacanestro
basketball

la racchetta da tennis
tennis racket

tirare a
canestro
to shoot

il canestro
basket

allenarsi
to practice

la palla da tennis
tennis ball

il giocatore di
pallacanestro
basketball player

palleggiare
to dribble

il tennis
tennis

il tennista
tennis player

50

il trampolino
diving board

il salvagente
life preserver

la piscina
swimming pool

il baseball
baseball

colpire
to hit

lanciare
to throw

prendere
to catch

la mazza da baseball
baseball bat

il guantone da baseball
baseball glove

l'allenatore
coach

la base
base

il giocatore di baseball
baseball player

la squadra
team

51

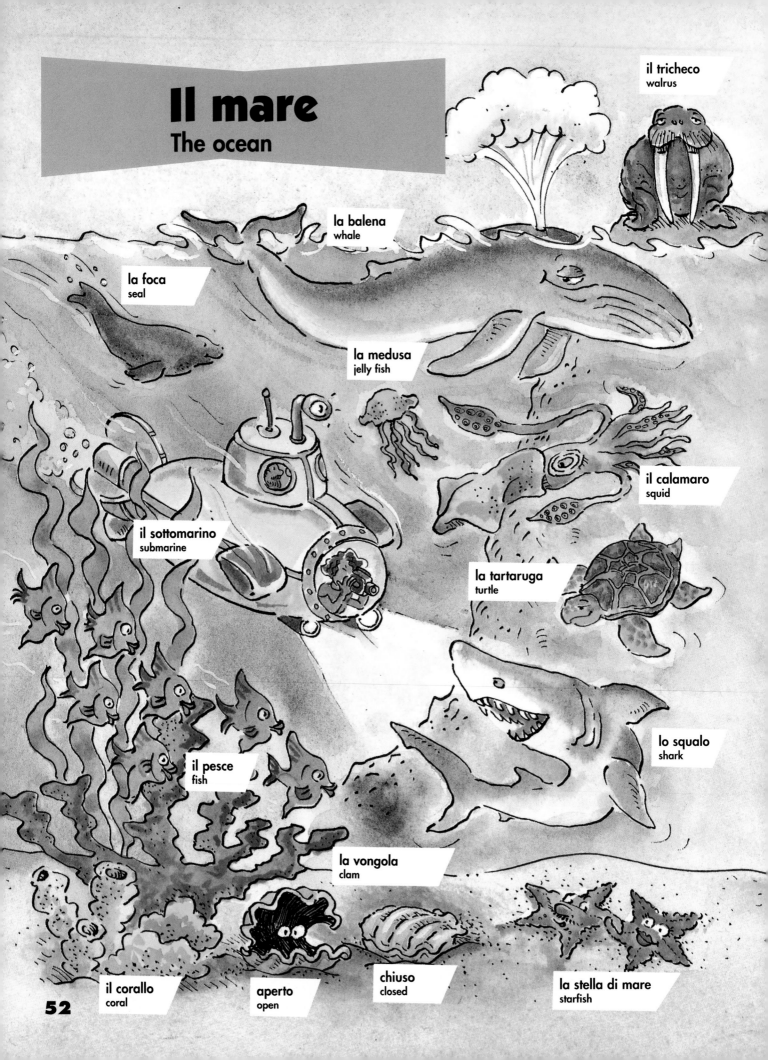

Il mare
The ocean

il tricheco
walrus

la balena
whale

la foca
seal

la medusa
jelly fish

il calamaro
squid

il sottomarino
submarine

la tartaruga
turtle

lo squalo
shark

il pesce
fish

la vongola
clam

il corallo
coral

aperto
open

chiuso
closed

la stella di mare
starfish

il delfino
dolphin

soleggiato
sunny

il pescatore
fisherman

pescare
to fish

il tonno
tuna fish

il verme
worm

il cavalluccio marino
seahorse

il granchio
crab

fare immersioni
subacquee
to scuba dive

il subacqueo
scuba diver

il tesoro
treasure

il pesce spada
swordfish

la caverna
cave

luccicante
shiny

l'aragosta
lobster

il polpo
octopus

53

Nella foresta incantata
In the enchanted forest

la foresta
forest

il gufo
owl

la scopa
broom

il lupo
wolf

la strega
witch

il drago
dragon

bella
beautiful

bello
handsome

il principe
prince

la principessa
princess

il castello
castle

lo scudo
shield

il cavaliere
knight

la spada
sword

la fata
fairy

l'unicorno
unicorn

la bacchetta magica
wand

la corona
crown

il gigante
giant

felice
happy

il re
king

la regina
queen

l'elfo
elf

grande
big

piccolo
small

Il viaggio
Travel

viaggiare
to travel

la nave da crociera
cruise ship

il pilota
pilot

l'aeroporto
airport

atterrare
to land

il rimorchiatore
tugboat

la valigia
suitcase

il battello
boat

la dogana
customs

il traffico
traffic

la nave
ship

l'elicottero
helicopter

volare
to fly

il meccanico
mechanic

il comandante
captain

l'aeroplano
airplane

decollare
to take off

il passeggero
passenger

l'ala
wing

la pista di atterraggio
runway

la torre di controllo
control tower

la terrazza panoramica
observation deck

il passaporto
passport

la scala mobile
escalator

la sala d'attesa
waiting area

Altre parole
More Words

Parole per descrivere / Words to describe

Parole per descrivere	Words to describe
alto, alta	tall
annoiato, annoiata	bored
arrabbiato, arrabbiata	angry
tiepido, tiepida	warm
corto, corta	short
difficile	difficult
diritto	straight
duro, dura	hard
facile	easy
largo, larga	wide
magenta	magenta
occupato, occupata	busy
piccolo, piccola	little
quieto, quieta	quiet
scozzese	plaid
sottile	thin
spesso, spessa	thick
stanco, stanca	tired
stretto, stretta	narrow
triste	sad

Nomi / Nouns

Nomi	Nouns
alfabeto (l')	alphabet
arachide (l')	peanut
argilla (l')	clay
autunno (l')	autumn
batteria (la)	battery
biancheria intima (la)	underwear
busta (la)	envelope
calore (il)	heat
capitolo (il)	chapter
cerchio (il)	circle
cerniera (la)	zipper
chitarra (la)	guitar
cima (la)	top
colore (il)	color
cowboy (il)	cowboy
domanda (la)	question
eroe (l')	hero
esame (l')	test
estate (l')	summer
fine (la)	end
fondo (il)	bottom
francobollo (il)	stamp
gomma (la)	gum
graffette (le)	staples
inverno (l')	winter
merendina (la)	candy bar
nome (il)	name
osso (l')	bone
pranzo (il)	lunch
prima colazione (la)	breakfast
primavera (la)	spring
promessa (la)	promise
risposta (la)	answer
sala da pranzo (la)	dining room
scatola (la)	box
sgabello (lo)	stool
soffitto (il)	ceiling
sorpresa (la)	surprise
storia (la)	story
tè (il)	tea
triangolo (il)	triangle
vacanza (la)	vacation
vestiti (i)	clothes
violino (il)	violin
voto (il)	grade

Verbi / Verbs

Verbi	Verbs
amare	to love
andare	to go
ascoltare	to listen
avere	to have
baciare	to kiss
chiudere	to close
costruire	to build
cucire	to sew
disegnare	to draw
fare	to do
fare	to make
fischiare	to whistle
indossare	to wear
indovinare	to guess
legare	to tie
piacere	to like
piangere	to cry
potere	can
prendere	to take
salutare con la mano	to wave
sentire	to hear
sognare	to dream
spingere	to push
studiare	to study
svegliarsi	to wake up
tirare	to pull
toccare	to touch
vedere	to see
vivere	to live
volere	to want

I numeri — Numbers

I numeri	Numbers
zero	zero
uno	one
due	two
tre	three
quattro	four
cinque	five
sei	six
sette	seven
otto	eight
nove	nine
dieci	ten
undici	eleven
dodici	twelve
tredici	thirteen
quattordici	fourteen
quindici	fifteen
sedici	sixteen
diciassette	seventeen
diciotto	eighteen
diciannove	nineteen
venti	twenty
trenta	thirty
quaranta	forty
cinquanta	fifty
sessanta	sixty
settanta	seventy
ottanta	eighty
novanta	ninety
cento	one hundred
duecento	two hundred
trecento	three hundred
quattrocento	four hundred
cinquecento	five hundred
seicento	six hundred
settecento	seven hundred
ottocento	eight hundred
novecento	nine hundred
mille	one thousand
un milione	one million

I numeri ordinali — Ordinal numbers

I numeri ordinali	Ordinal numbers
primo	first
secondo	second
terzo	third
quarto	fourth
quinto	fifth
sesto	sixth
settimo	seventh
ottavo	eighth
nono	ninth
decimo	tenth

I giorni — Days

I giorni	Days
domenica (la)	Sunday
lunedì (il)	Monday
martedì (il)	Tuesday
mercoledì (il)	Wednesday
giovedì (il)	Thursday
venerdì (il)	Friday
sabato (il)	Saturday

I mesi — Months

I mesi	Months
gennaio	January
febbraio	February
marzo	March
aprile	April
maggio	May
giugno	June
luglio	July
agosto	August
settembre	September
ottobre	October
novembre	November
dicembre	December

Elementi temporali — Elements of time

Elementi temporali	Elements of time
secondo (il)	second
minuto (il)	minute
ora (l')	hour
giorno (il)	day
settimana (la)	week

mese (il)	month
anno (l')	year
ieri	yesterday
oggi	today
domani	tomorrow
presto	early
tardi	late

Parole utili — Useful words

Parole utili	Useful words
a	at
a	to
con	with
di	of
e	and
esso	it
forse	maybe
fuori	out
il loro, la loro	their
il mio, la mia	my
il nostro, la nostra	our
il suo, la sua	her
il suo, la sua	his
il suo, suo	its
in	in
io	I
lei (ella)	she
loro	theirs
loro (essi)	they
lui (egli)	he
ma	but
mio	mine
no	no
noi	we
nostro, nostra	ours
sì	yes
Signora	Mrs.
Signorina / Signora	Ms.
Signor	Mr.
sopra	over
sotto	under
su	on
suo, sua	hers
suo, sua	his
tra	between

Index

A

abbaiare, to bark, 29
abbracciare, to hug, 5
abito (l'), suit, 19
accappatoio (l'), bathrobe, 12
acceso, accesa, on (light switch), 10
acqua (l'), water, 22
acquistare, to buy, 18
aeroplano (l'), airplane, 57
aeroporto (l'), airport, 56
affare (l'), bargain, 19
aglio (l'), garlic, 20
agnello (l'), lamb, 44
ahia!, ouch!, 15
ala (l'), wing, 57
albero (l'), tree, 42
allenarsi, to practice, 50
allenatore (l'), coach, 51
alligatore (l'), alligator, 26
allungarsi, to reach, 26
altalena (l'), see-saw, 29
altalena (l'), swing, 29
alto, alta, high, 31
altoparlanti (gli), loudspeakers, 31
ambulanza (l'), ambulance, 32
ananas (l'), pineapple, 20
anatra (l'), duck, 44
anca (l'), hip, 33
anello (l'), ring, 5
animale (l'), animal, 27
animaletto di peluche (l'), stuffed animal, 10
aperto, aperta, open, 52
appartamento (l'), apartment, 39
appendiabito (l'), clothes hanger, 11
applaudire, to clap, 48
aprire, to open, 17
aquila (l'), eagle, 46
aquilone (l'), kite, 29
aragosta (l'), lobster, 53
arancia (l'), orange, 20
arancione, orange, 35
arco (l'), bow, 31
arcobaleno (l'), rainbow, 43

armadietto delle medicine (l'), medicine cabinet, 12
armadio (l'), closet, 11
arrampicarsi, to climb, 26
arrivederci, good-bye, 38
arrostire, to roast, 6
arte (l'), art, 35
ascensore (l'), elevator, 32
asciugamano (l'), towel, 13
asciugamano per il viso (l'), washcloth, 12
asciugare, to dry, 12
aspirapolvere (l'), vacuum, 15
astronauta (l'), astronaut, 34
atterrare, to land, 56
autobus (l'), bus, 39
automobile (l'), car, 38
autopompa (l'), fire engine, 39
autostrada (l'), highway, 38
avere fame, to be hungry, 22
avere freddo, to be cold, 49
azzurro, azzurra, light blue, 35

B

bacchetta magica (la), wand, 55
bacheca (la), bulletin board, 24
bagnato, bagnata, wet, 13
bagnino (il), lifeguard, 37
balena (la), whale, 52
ballare, to dance, 16
bambola (la), doll, 10
banana (la), banana, 20
banca (la), bank, 39
banda (la), band, 41
bandiera (la), flag, 41
barba (la), beard, 5
barbiere (il), barber, 40
barca a vela (la), sailboat, 37
barella (la), stretcher, 32
barile (il), barrel, 45
base (la), base, 51
baseball (il), baseball, 51
basso, bassa, low, 31
bastone da escursionismo (il), walking stick, 46

bastone da hockey (il), hockey stick, 49
battello (il), boat, 56
bebè (il), baby, 4
bella, beautiful, 54
bello, handsome, 54
benda (la), bandage, 32
benzina (la), gas, 38
bere, to drink, 22
berretto (il), cap, 46
bersaglio (il), target, 31
bianco, bianca, white, 34
bibita (la), drink, 36
bicchiere (il), glass, 22
bicicletta (la), bicycle, 14
biglietto (il), ticket, 31
biglietto di auguri (il), birthday card, 17
binocolo (il), binoculars, 46
biscotto (il), cookie, 7
blu scuro, dark blue, 35
bocca (la), mouth, 33
bolla (la), bubble, 13
bollire, to boil, 7
borsa (la), bag, 21
borsetta (la), purse, 18
bottiglia (la), bottle, 22
braccialetto (il), bracelet, 5
braccio (il), arm, 33
broccoli (i), broccoli, 20
bruciato, burnt, 7
burro (il), butter, 7

C

cacciavite (il), screwdriver, 15
cadere, to fall, 48
caffè (il), coffee, 23
calamaro (il), squid, 52
calciare, to kick, 50
calciatore (il), soccer player, 50
calcio (il), soccer, 50
calcolatrice (la), calculator, 25
caldo, calda, hot, 22
calendario (il), calendar, 24
calzino (il), sock, 11
calzoni (i), pants, 19
calzoni corti (i), shorts, 19
camera da letto (la),

bedroom, 10
cameriera (la), waitress, 22
cameriere (il), waiter, 23
camicetta (la), blouse, 18
camicia (la), shirt, 19
camion (il), truck, 38
camminare, to walk, 38
campagna, countryside, 42
campeggio (il), camping, 46
campo (il), field, 43
campo giochi (il), playground, 29
cancellino (il), eraser, 25
candelina (la), candle, 17
cane (il), dog, 4
canestro (il), basket, 50
cantante (la), singer, 31
cantare, to sing, 8
capanna (la), cabin, 42
cappello (il), hat, 19
cappotto (il), coat, 49
capra (la), goat, 44
caramella (la), candy, 16
carne (la), meat, 21
carosello (il), carousel, 31
carota (la), carrot, 20
carrello (il), shopping cart, 21
carta da regalo (la), wrapping paper, 17
carta igienica (la), toilet paper, 13
cartina (la), map, 46
casa (la), house, 40
casa stregata (la), haunted house, 30
cascata (la), waterfall, 46
casco (il), helmet, 29
casetta per gli uccelli (la), birdhouse, 28
cassetta (la), cassette tape, 8
cassetta delle lettere (la), mailbox, 41
cassetta portautensili (la), toolbox, 14
cassetto (il), drawer, 11
cassettone (il), dresser, 10
castello (il), castle, 55
castello di sabbia (il), sand castle, 37
castoro (il), beaver, 46

cavallo (il), horse, 44
cavalluccio marino (il), seahorse, 53
caverna (la), cave, 53
caviglia (la), ankle, 33
cavolfiore (il), cauliflower, 20
cavolo cappuccio (il), cabbage, 20
cena (la), dinner, 22
centro commerciale (il), shopping center, 18
cervo (il), deer, 46
cespuglio (il), bush, 28
cestino da picnic (il), picnic basket, 28
cestino della spazzatura (il), garbage can, 40
chiave (la), key, 14
chiave inglese (la), wrench, 15
chiedere, to ask, 25
chiodo (il), nail, 15
chiudere con la cerniera, to zip up, 18
chiuso, chiusa, closed, 52
ciao, hi, 39
cibo (il), food, 7
ciliegia (la), cherry, 20
cinema (il), movie theater, 41
cintura (la), belt, 19
cioccolato (il), chocolate, 41
cipolla (la), onion, 20
circo (il), circus, 30
città (la), city, 38
cittadina (la), town, 40
classe (la), classroom, 24
cliente (il), customer, 19
coccodrillo (il), crocodile, 26
cocomero (il), watermelon, 20
coda (la), tail, 27
coda (la), line, 31
colla (la), glue, 24
collana (la), necklace, 5
collina (la), hill, 43
collo (il), neck, 33
colpire, to hit, 51
coltello (il), knife, 16
comandante (il), captain, 57
commessa (la), store clerk, 19
compact disk (il), compact disk, 8
compito a casa (il), homework, 24
computer (il), computer, 24
concerto (il), concert, 31
conchiglia (la), seashell, 36
conducente (il), bus driver, 39

congelatore (il), freezer, 7
coniglio (il), rabbit, 43
contenitore di sabbia per giocare (il), sandbox, 29
contenitore termico (il), cooler, 36
coperta (la), blanket, 10
corallo (il), coral, 52
corno (il), horn, 27
corona (la), crown, 55
correre, to run, 50
corridoio (il), aisle, 21
coscia (la), thigh, 33
costume da bagno (il), swimsuit, 37
cracker (il), cracker, 22
cravatta (la), tie, 19
credenza (la), cupboard, 6
crema solare (la), suntan lotion, 36
cucchiaio (il), spoon, 16
cucciolo (il), puppy, 5
cucina (la), kitchen, 6
cucina a gas (la), stove, 7
cucinare, to cook, 7
cucinare al forno, to bake, 6
cuffie (le), headphones, 8
cuore (il), heart, 30
cuscino (il), pillow, 11

D

dado (il), dice, 16
dare, to give, 16
decollare, to take off, 57
delfino (il), dolphin, 53
denaro (il), money, 18
dente (il), tooth, 40
dentifricio (il), toothpaste, 12
dentista (il), dentist, 40
destra, right, 18
dinosauro (il), dinosaur, 34
dipingere, to paint, 40
dipinto (il), painting, 35
disco (il), puck, 49
dito (il), finger, 33
dito del piede (il), toe, 33
divano (il), couch, 9
dividere, to share, 23
dividere, to divide, 25
dizionario (il), dictionary, 24
doccia (la), shower, 13
dogana (la), customs, 56
dolce (il), dessert, 23
dondolarsi, to swing, 29
donna (la), woman, 5
dormire, to sleep, 11

dosatore (il), measuring cup, 6
dottore (il), doctor, 32
dottoressa (la), doctor, 33
drago (il), dragon, 54

E

edificio (l'), building, 39
elefante (l'), elephant, 26
elfo (l'), elf, 55
elicottero (l'), helicopter, 57
entrata (l'), entrance, 35
erba (l'), grass, 29
essere malati, to be sick, 33

F

faccia (la), face, 33
fagiolo (il), bean, 21
falò (il), campfire, 47
famiglia (la), family, 4
fantasma (il), ghost, 30
fare immersioni subacquee, to scuba dive, 53
farfalla (la), butterfly, 43
farina (la), flour, 6
faro (il), lighthouse, 36
farsi la doccia, to take a shower, 13
fata (la), fairy, 55
fattore (il), fattrice (la), farmer, 45
fattoria (la), farm, 44
felice, happy, 55
fermarsi, to stop, 41
fermata dell'autobus (la), bus stop, 39
festa di compleanno (la), birthday party, 16
fiammiferi (i), matches, 47
fieno (il), hay, 44
figlia (la), daughter, 4
figlio (il), son, 4
film (il), movie, 41
finestra (la), window, 11
fiocchi di cereali (i), cereal, 21
fiocco (il), bow, 17
fiore (il), flower, 43
fiume (il), river, 43
foca (la), seal, 52
foglia (la), leaf, 42
fontana (la), fountain, 29
forbici (le), scissors, 40
forchetta (la), fork, 16
foresta (la), forest, 54

formaggio (il), cheese, 7
formica (la), ant, 28
forno (il), oven, 6
forno a microonde (il), microwave oven, 6
foro (il), hole, 14
forte, strong, 26
fotografia (la), photograph, 8
fragola (la) , strawberry, 41
fratello (il), brother, 5
freccia (la), arrow, 31
frigorifero (il), refrigerator, 7
frisbee (il), Frisbee®, 29
frumento (il), wheat, 45
frutta (la), fruit, 20
fumetto (il), comic book, 11
fumo (il), smoke, 47
furgone (il), van, 38

G

gabbiano (il), seagull, 37
galleria (la), tunnel, 43
gallina (la), hen, 45
gallo (il), rooster, 45
gamba (la), leg, 33
gatto (il), cat, 9
gazzella (la), gazelle, 27
gelateria (la), ice cream shop, 41
gelato (il), ice cream, 41
gesso (il), chalk, 25
gesso (il), cast, 32
ghiaccio (il), ice, 49
giaccone (il), jacket, 48
giallo, gialla, yellow, 35
giardiniere (il), giardiniera (la), gardener, 45
giardino (il), garden, 45
gigante (il), giant, 55
ginocchio (il), knee, 33
giocare, to play, 36
giocare a nascondino, to play hide and seek, 28
giocatore di baseball (il), baseball player, 51
giocatore di hockey (il), hockey player, 49
giocatore di pallacanestro (il), basketball player, 50
giocattoli (i), toys, 11
gioco (il), game, 16
giornale (il), newspaper, 9
giraffa (la), giraffe, 27
giù, down, 19
gomito (il), elbow, 33
gonna (la), skirt, 18

gomito (il), elbow, 33
gonna (la), skirt, 18
gorilla (il), gorilla, 26
graffatrice (la), stapler, 25
granaio (il), barn, 45
granchio (il), crab, 53
grande, big, 55
granturco (il), corn, 45
grattarsi, to scratch, 26
grembiule (il), apron, 6
gridare, to shout, 49
grigio, grigia, gray, 35
griglia (la), grill, 47
guanti (i), gloves, 49
guantone da baseball (il), baseball glove, 51
guardia (il, la), guard, 34
guardiano (il), guardiana (la), zoo keeper, 27
gufo (il), owl, 54
guida (la), guide, 26
guidare, to drive, 39

H

hotel (l'), hotel, 38

I

illusionista (l'), magician, 30
impermeabile (l'), raincoat, 42
incantato, incantata, enchanted, 54
incendio (l'), fire, 39
inciampare, to trip, 22
infermiera (l'), nurse, 32
infermiere (l'), nurse, 33
insalata (l'), salad, 22
insegnante (l'), teacher, 24
insegnare, to teach, 25
interruttore della luce (l'), light switch, 11
ippopotamo (l'), hippopotamus, 26
isola (l'), island, 36

J

jeans (i), jeans, 19

L

laboratorio (il), workshop, 14
lampada (la), lamp, 9
lampo (il), lightning, 42
lanciare, to throw, 51

latte (il), milk, 6
lattuga (la), lettuce, 20
lavagna (la), chalkboard, 25
lavandino (il), sink, 12
lavare, to wash, 12
lavare i piatti, to wash the dishes, 6
lavarsi i denti, to brush your teeth, 12
leggere, to read, 24
leggero, leggera, light, 26
lenzuolo (il), sheet, 10
leoncino (il), cub, 27
leone (il), lion, 27
leonessa (la), lioness, 27
leopardo (il), leopard, 27
lettera (la), letter, 41
letto (il), bed, 11
lettore CD (il), CD player, 8
libro (il), book, 24
limonata (la), lemonade, 28
limone (il), lemon, 20
lucchetto (il), padlock, 14
luccicante, shiny, 53
luce (la), light, 10
luna (la), moon, 34
lupo (il), wolf, 54

M

macchina fotografica (la), camera, 4
maglietta (la), T-shirt, 19
maglione (il), sweater, 48
maiale (il), pig, 44
mamma (la), mom, 4
mangianastri (il), tape player, 8
mangiare, to eat, 23
manichetta (la), hose, 45
mano (la), hand, 33
mappamondo (il), globe, 25
marciapiede (il), sidewalk, 39
mare (il), ocean, 52
marionetta (la), puppet, 31
marito (il), husband, 5
marrone, brown, 34
martello (il), hammer, 15
maschera da sub (la), diving mask, 36
matematica (la), math, 25
matita (la), pencil, 25
mazza da baseball (la), baseball bat, 51
meccanico (il, la), mechanic, 57
medicina (la), medicine, 32
medusa (la), jelly fish, 52

mela (la), apple, 20
mento (il), chin, 33
menù (il), menu, 23
mescolare, to mix, 6
metropolitana (la), subway, 38
mettere, to put, 23
mezzi guanti (i), mittens, 49
micino (il), kitten, 5
microfono (il), microphone, 31
miele (il), honey, 6
minestra (la), soup, 22
moglie (la), wife, 5
moltiplicare, to multiply, 25
monoscì (il), snowboard, 49
montagna (la), mountain, 43
montagne russe (le), roller coaster, 30
mostra (la), exhibit, 35
mostro (il), monster, 30
motocicletta (la), motorcycle, 41
motorino (il), scooter, 39
mucca (la), cow, 44
mummia (la), mummy, 35
municipio (il), town hall, 41
muro (il), wall, 11
museo (il), museum, 34
musica (la), music, 10

N

naso (il), nose, 33
nastro (il), ribbon, 17
nave (la), ship, 57
nave da crociera (la), cruise ship, 56
negozio (il), store, 38
negozio di alimentari (il), grocery store, 40
negozio da barbiere (il), barbershop, 40
nero, nera, black, 35
neve (la), snow, 48
nido (il), nest, 46
noce (la), nut, 28
nonna (la), grandma, 4
nonno (il), grandpa, 4
numero (il), number, 24
nuotare, to swim, 36
nuvola (la), cloud, 43
nuvoloso, cloudy, 42

O

oca (l'), goose, 44

occhiali (gli), glasses, 19
occhiali da sole (gli), sunglasses, 36
occhialoni (gli), goggles, 48
occhio (l'), eye, 33
odorare, to smell, 7
ombrello (l'), umbrella, 42
onda (l'), wave, 36
orecchio (l'), ear, 33
orologio (l'), clock, 39
orologio (l'), watch, 5
orso (l'), bear, 27
orso polare (l'), polar bear, 27
ospedale (l'), hospital, 32

P

padella (la), frying pan, 7
pagare, to pay, 20
pagliaccio (il), clown, 30
pala (la), shovel, 48
palla (la), ball, 36
pallacanestro (la), basketball, 50
palla da tennis (la), tennis ball, 50
palla di neve (la), snowball, 49
pallavolo (la), volleyball, 37
palleggiare, to dribble, 50
palloncino (il), balloon, 16
pallone (il), soccer ball, 50
palmizio (il), palmtree, 37
panchina (la), bench, 41
pane (il), bread, 22
pane tostato (il), toast, 7
panino (il), sandwich, 28
pantofola (la), slipper, 10
papà (il), dad, 4
parata (la), parade, 40
parco (il), park, 28
parco dei divertimenti (il), amusement park, 30
parlare, to talk, 39
passaporto (il), passport, 57
passare, to pass, 50
passeggero (il), passenger, 57
pastello a cera (il), crayon, 24
pastore (il), pastora (la), shepherd, shepherdess, 44
patatine (le), potato chips, 28
pattinare sul ghiaccio, to ice skate, 49
pattini a rotelle (i), roller skates, 28
pattini da ghiaccio (i), ice

skates, 49

pattini in linea (i), in-line skates, 29

pavimento (il), floor, 12

pecora (la), sheep, 44

penna (la), pen, 24

pennarello (il), marker, 25

pennello (il), paintbrush, 40

pensare, to think, 25

pentola (la), pot, 7

penzolare, to hang, 26

pepe (il), pepper, 23

peperone verde (il), green pepper, 20

pera (la), pear, 20

pesante, heavy, 26

pescare, to fish, 53

pescatore (il), **pescatrice (la)**, fisherman, fisherwoman, 53

pesce (il), fish, 21

pesce (il), fish, 52

pesce spada (il), swordfish, 53

pettine (il), comb, 12

petto (il), chest, 33

pianoforte (il), piano, 8

pianta (la), plant, 9

piatti (i), dishes, 6

piatto (il), plate, 16

piccolo, piccola, small, 55

picnic (il), picnic, 28

piede (il), foot, 33

pigiama (il), pajamas, 10

pilota (il, la), pilot, 56

pinne (le), fins, 36

pinze (le), pliers, 14

pioggia (la), rain, 42

piovere, to rain, 42

piramide (la), pyramid, 35

piscina (la), swimming pool, 51

pista di atterraggio (la), runway, 57

pistola ad acqua (la), water gun, 36

pittore (il), painter, 40

pizza (la), pizza, 23

pois, polka dots, 35

poliziotto (il), **poliziotta (la)**, police officer, 39

pollaio (il), chicken coop, 45

pollice (il), thumb, 33

pollo (il), chicken, 22

polpo (il), octopus, 53

polso (il), wrist, 33

poltrona (la), chair, 9

pomodoro (il), tomato, 20

pompiere (il), firefighter, 39

ponte (il), bridge, 43

porcospino (il), porcupine, 46

porta (la), goal, 49

porta (la), door, 8

portafogli (il), wallet, 19

portamatite (il), pencil case, 25

portiere (il), goalie, 49

poster (il), poster, 10

pozzo (il), well, 44

prendere, to catch, 51

presa di corrente (la), electric socket, 15

prezzo (il), price, 18

principe (il), prince, 54

principessa (la), princess, 54

procione (il), raccoon, 47

profumo (il), perfume, 12

provare, to try on, 19

prugna (la), plum, 20

puledro (il), colt, 44

pulito, pulita, clean, 12

pupazzo di neve (il), snowman, 48

puzzola (la), skunk, 47

Q

quaderno (il), notebook, 25

quadro (il), picture, 8

R

racchetta da tennis (la), tennis racket, 50

radio (la), radio, 10

ragazza (la), girl, 5

ragazzo (il), boy, 5

raggi X (i), x-ray, 33

rana (la), frog, 44

rasoio elettrico (il), electric razor, 12

rastrello (il), rake, 14

razzo (il), rocket, 34

re (il), king, 55

recinto (il), fence, 44

regalo (il), present, 17

regina (la), queen, 55

respiratore (il), snorkel, 36

resto (il), change, 18

rete (la), net, 37

righello (il), ruler, 15

rilassarsi, to relax, 36

rimorchiatore (il), tugboat, 56

rinoceronte (il), rhinoceros, 27

riparare, to repair, 14

ripiano (il), shelf, 21

riso (il), rice, 21

ristorante (il), restaurant, 22

rivista (la), magazine, 9

roccia (la), rock, 37

rompere, to break, 48

rosa, pink, 35

rosso, rossa, red, 35

rubinetto (il), faucet, 13

ruggire, to roar, 27

rumoroso, rumorosa, loud, 39

ruota (la), wheel, 14

ruota panoramica (la), Ferris wheel, 31

S

sabbia (la), sand, 37

sacco a pelo (il), sleeping bag, 47

sala d'attesa (la), waiting area, 57

sale (il), salt, 23

saltare alla corda, to jump rope, 29

salvagente (il), life preserver, 51

salve, hello, 39

sandalo (il), sandal, 36

sapone (il), soap, 12

scaffale per i libri (lo), book shelf, 9

scala (la), ladder, 39

scala mobile (la), escalator, 57

scale (le), stairs, 14

scarpa da ginnastica (la), sneaker, 18

scarpa (la), shoe, 18

scarponi (gli), boots, 48

scartare, to unwrap, 17

scattare fotografie, to take photos, 27

scheletro (lo), skeleton, 34

schiena (la), back, 33

sci (gli), skis, 48

sciare, to ski, 48

sciarpa (la), scarf, 49

scimmie (le), monkeys, 26

scimpanzé (lo), chimpanzee, 26

scivolo (lo), slide, 29

scoiattolo (lo), squirrel, 28

scopa (la), broom, 54

scrivania (la), desk, 10

scudo (lo), shield, 55

scultura (la), sculpture, 35

secchiello (il), bucket, 37

sedano (il), celery, 20

sedia (la), chair, 10

sedia a rotelle (la), wheelchair, 32

sega (la), saw, 15

segnale (il), sign, 39

sella (la), saddle, 44

semaforo (il), traffic light, 38

sentiero (il), path, 28

sentiero (il), trail, 47

serpente (il), snake, 47

serratura (la), lock, 14

shampoo (lo), shampoo, 13

sinistra, left, 18

skate-board (lo), skateboard, 29

slitta (la), sled, 49

soffiare, to blow, 17

soggiorno (il), living room, 8

sole (il), sun, 37

soleggiato, soleggiata, sunny, 53

sommare, to add, 25

sorella (la), sister, 5

sorridere, to smile, 4

sorriso (il), smile, 17

sottomarino (il), submarine, 52

sottrarre, to subtract, 25

spada (la), sword, 55

spaghetti (gli), spaghetti, 22

spalla (la), shoulder, 33

spaventapasseri (lo), scarecrow, 45

spazzolino da denti (lo), toothbrush, 12

specchio (lo), mirror, 12

spento, spenta, off (light switch), 11

spettatore (lo), spectator, 50

spiaggia (la), beach, 36

sporco, sporca, dirty, 13

sport estivi (gli), summer sports, 50

sport invernali (gli), winter sports, 48

spruzzare, to splash, 36

spugna (la), sponge, 13

squadra (la), team, 51

squalo (lo), shark, 52

stagno (lo), pond, 44

stalla (la), stable, 44